# IMPARA COLORANDO

## VOLUME.1

### LOGAN BROWN

Copyright © 2021 Logan Brown

All rights reserved.

# CONTENUTI

| | |
|---|---|
| ANIMALI | PAG. 1 - 36 |
| CIBO | PAG. 37 - 44 |
| VEICOLI | PAG. 45 - 55 |
| SCUOLA | PAG. 56 - 65 |

# IMPARA COLORANDO VOLUME.1

Il libro **IMPARA COLORANDO** contiene una raccolta di disegni da colore per tutti i bambini, con descrizione in Italiano ed Inglese per cominciare ad imparare i termini nella lingua più importante e diffusa nel mondo.

Se ti fa piacere lascia una recensione a 5 stelle

## AQUISTA IL NOSTRO VOLUME 2

IMPARA COLORANDO VOLUME.1

# ORSO - BEAR

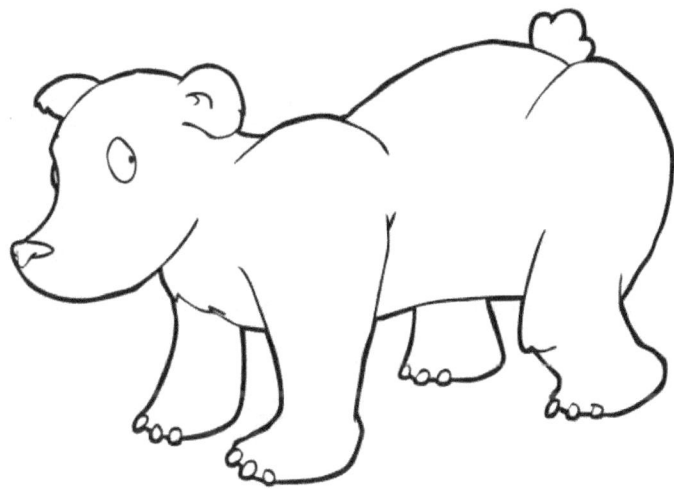

# UCCELLO - BIRD

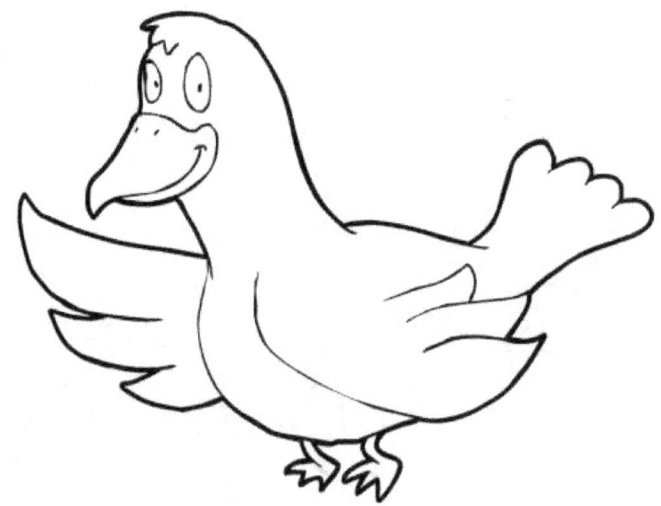

# FARFALLA - BUTTERLFY

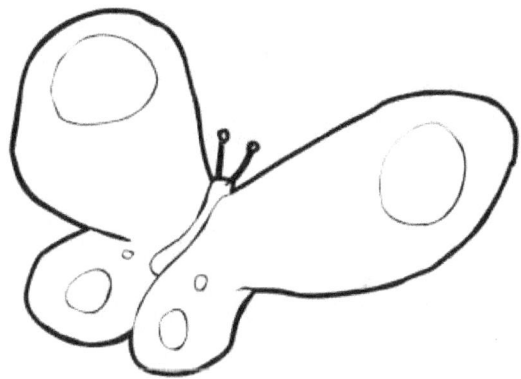

# GATTO - CAT

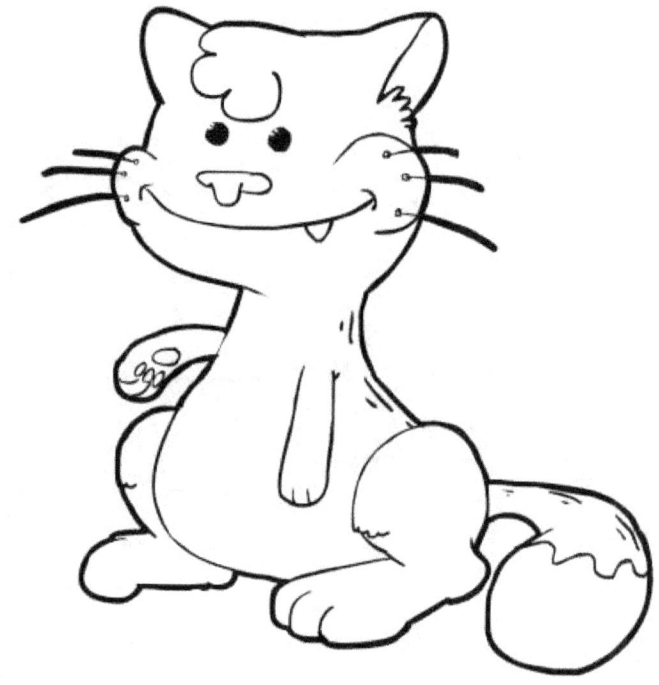

# MUCCA - COW

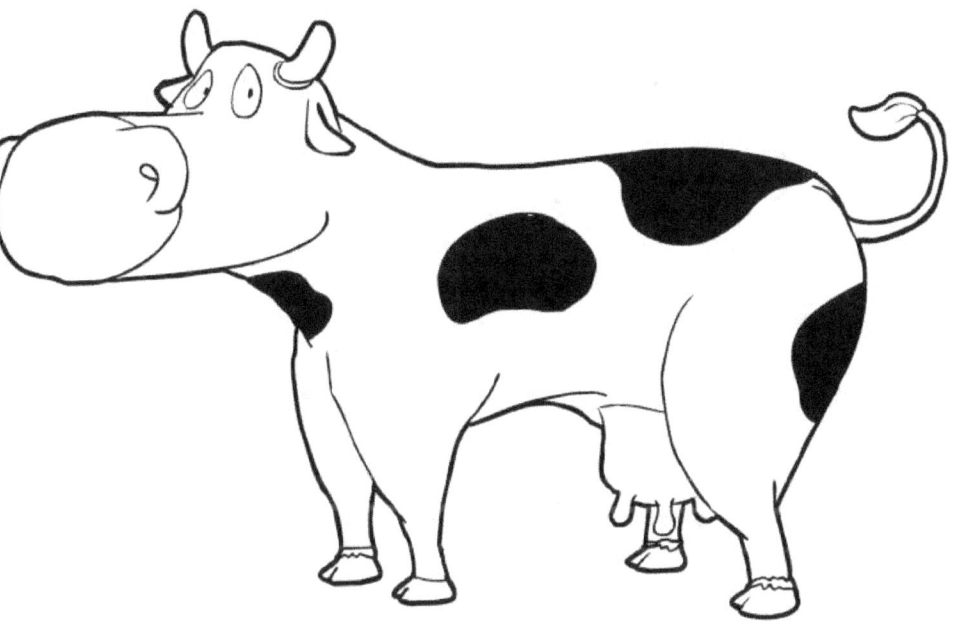

IMPARA COLORANDO VOLUME.1

# CANE - DOG

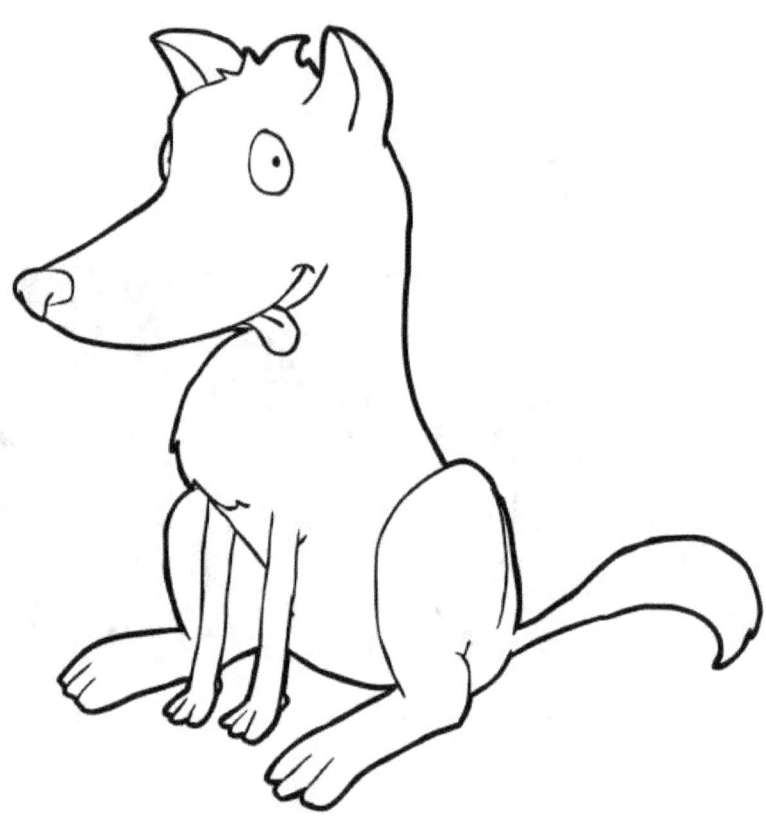

# PAPERA - DUCK

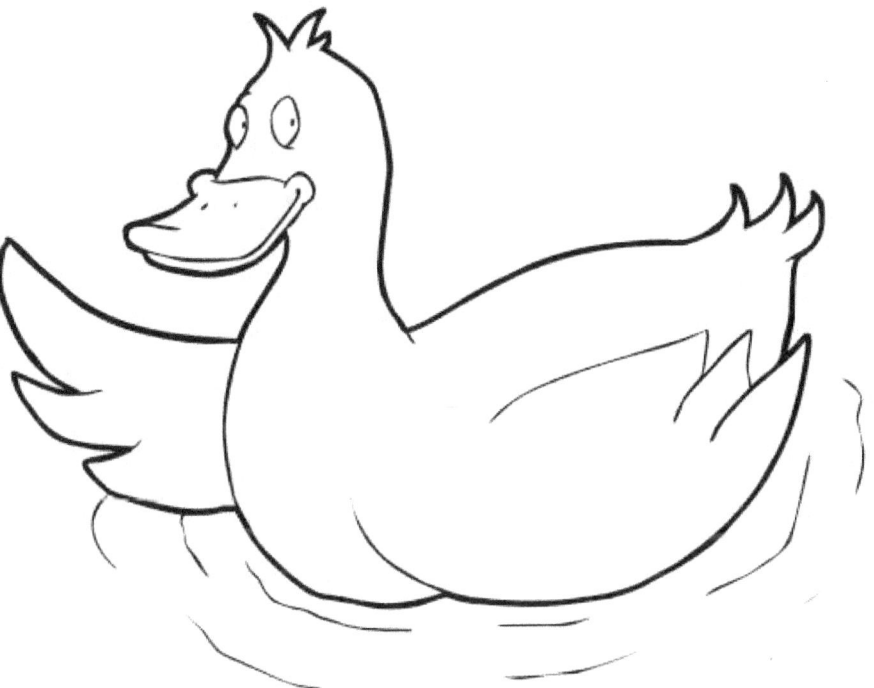

# ELEFANTE - ELEPHANT

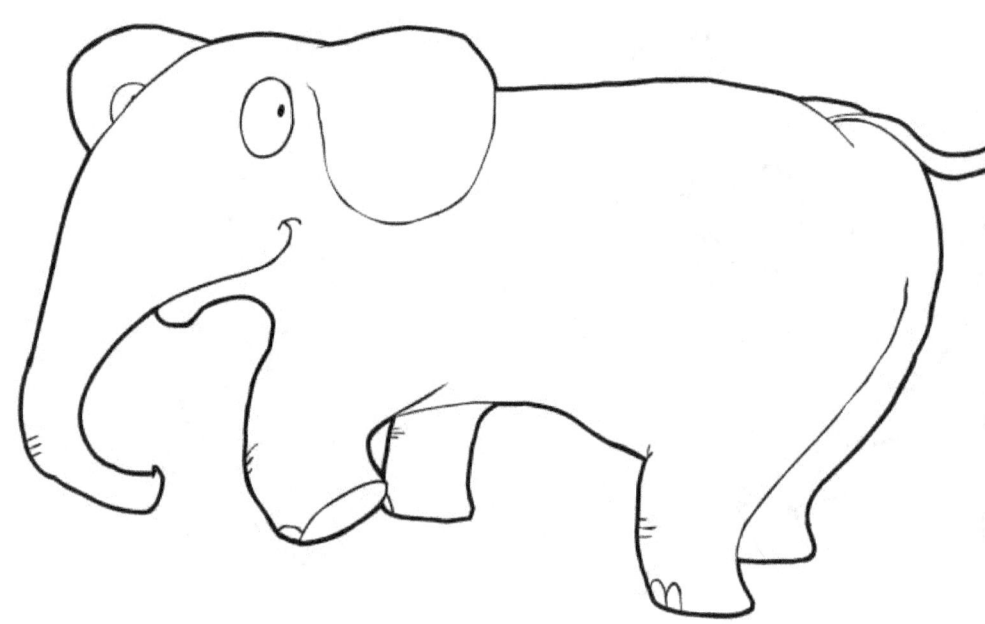

IMPARA COLORANDO VOLUME.1

# PESCE - FISH

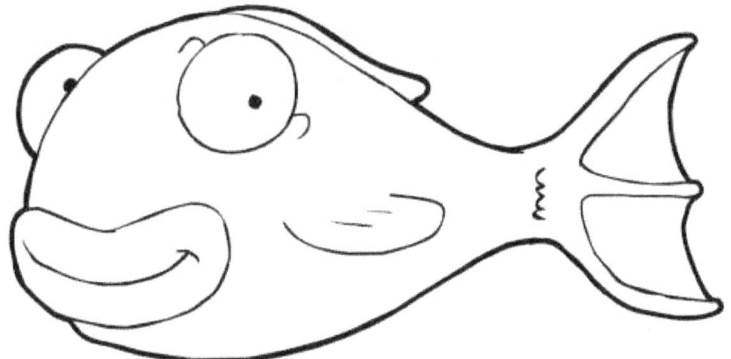

IMPARA COLORANDO VOLUME.1

# RANA - FROG

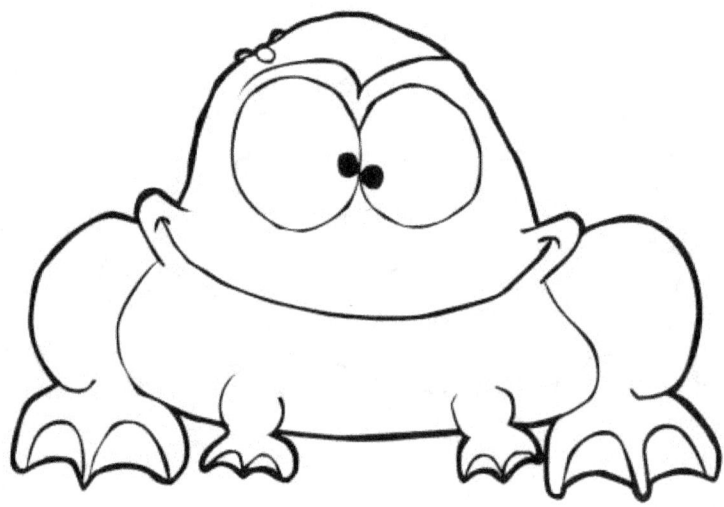

# CANGURO - KANGAROO

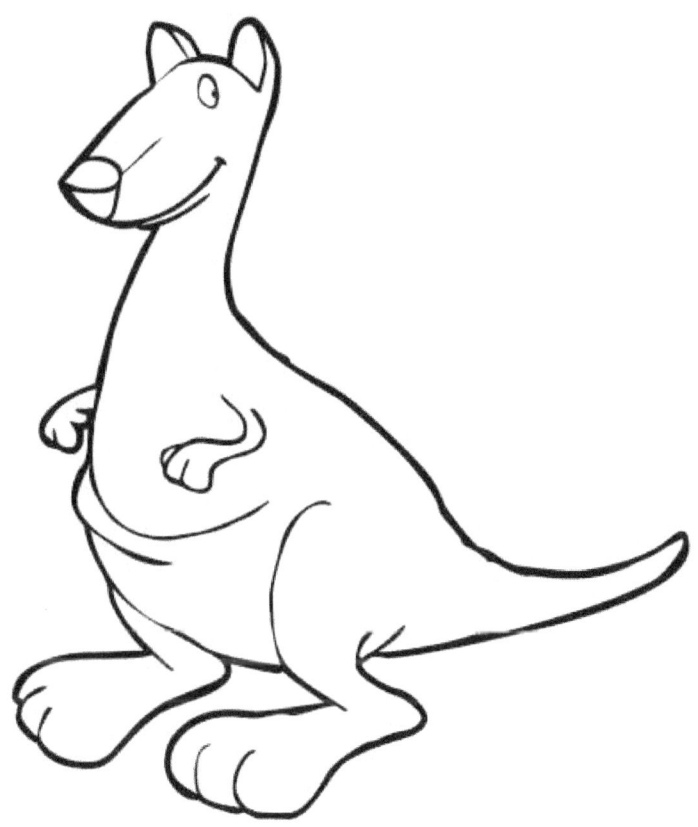

# COCCINELLA - LADYBIRD

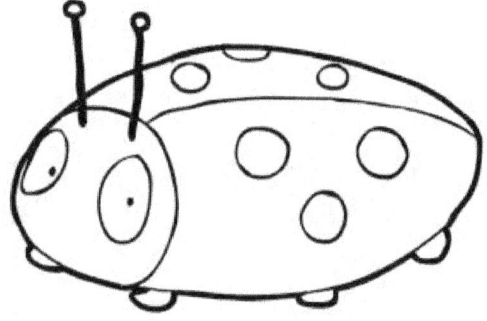

# SCIMMIA - MONKEY

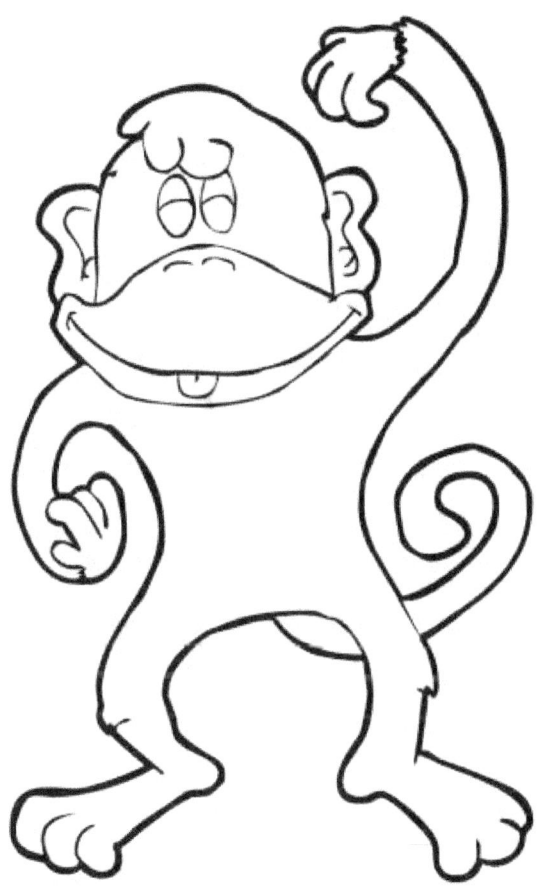

# TOPO - MOUSE

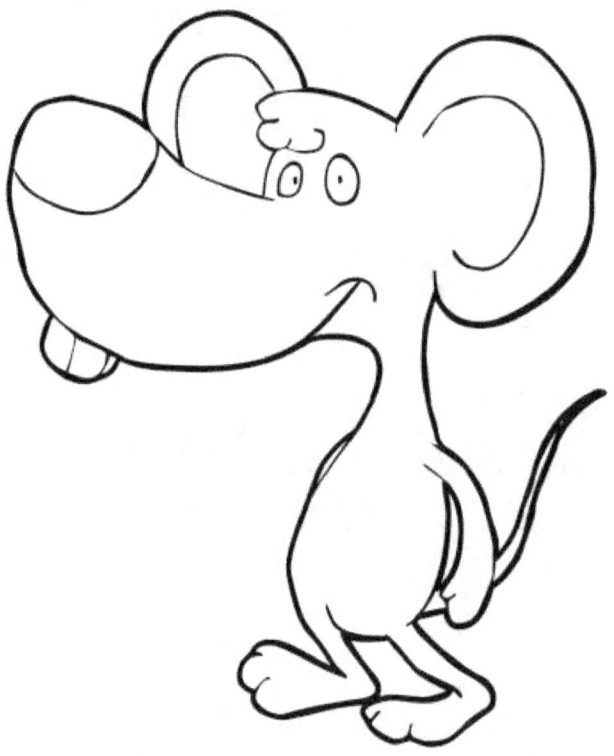

# PINGUINO - PENGWIN

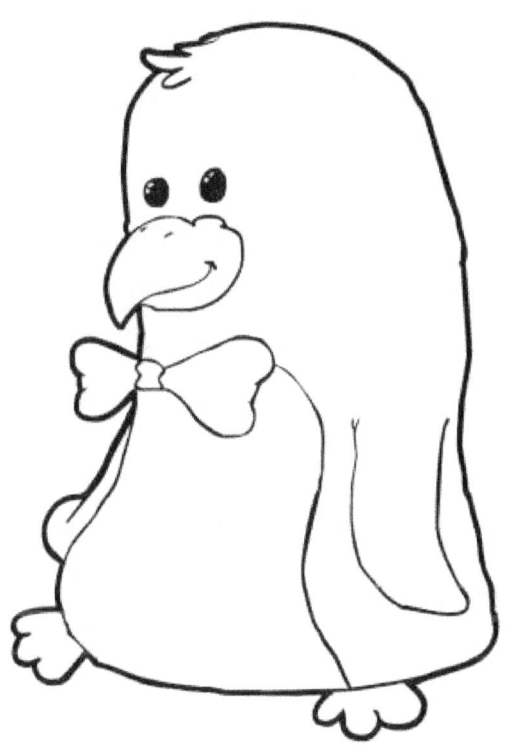

# CONIGLIO - RABBIT

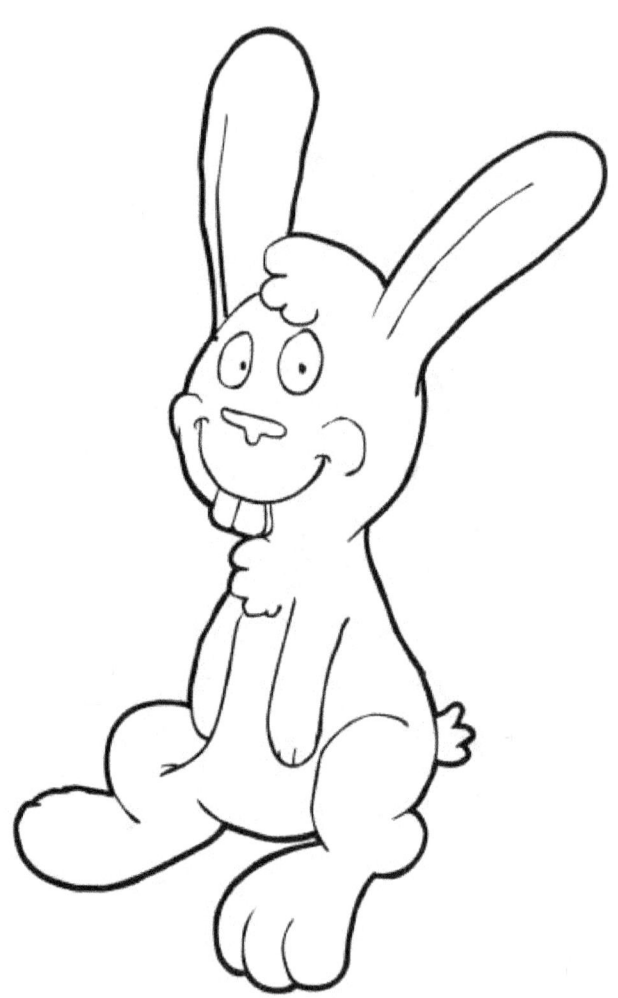

# PECORA - SHEEP

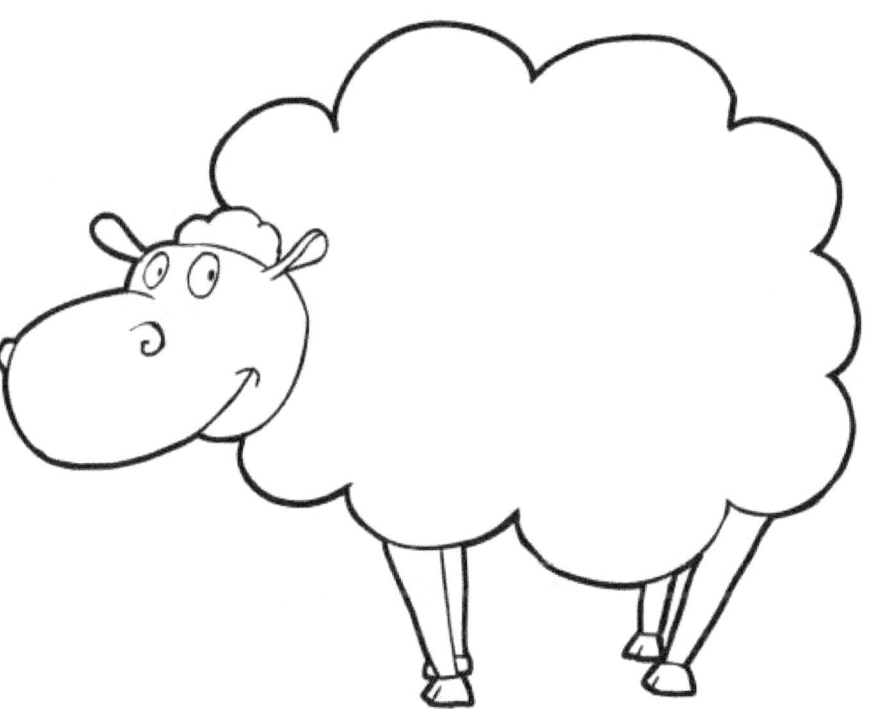

# LUMACA - SNAIL

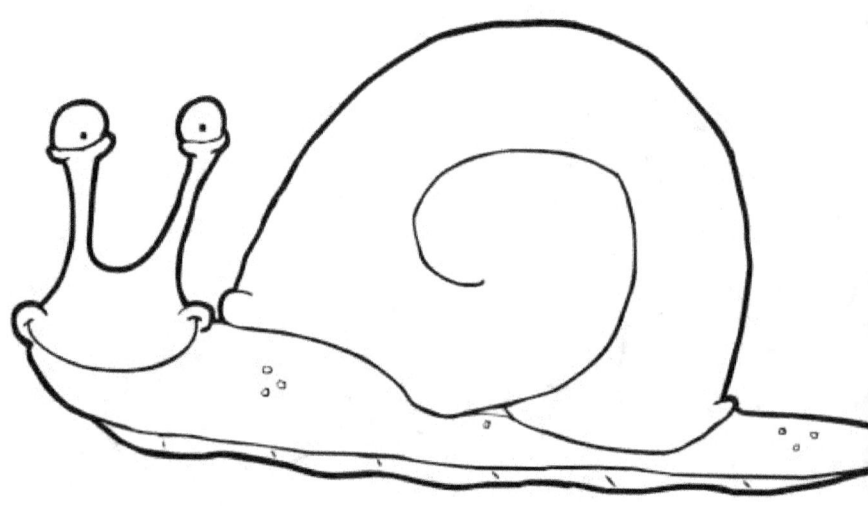

# SERPENTE - SNAKE

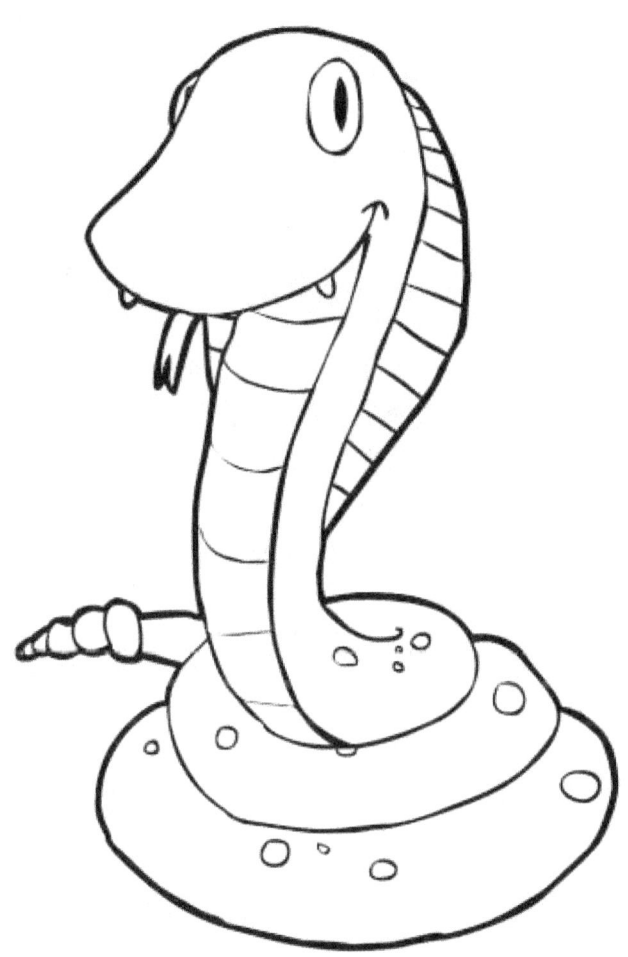

# PIPISTRELLO - BAT

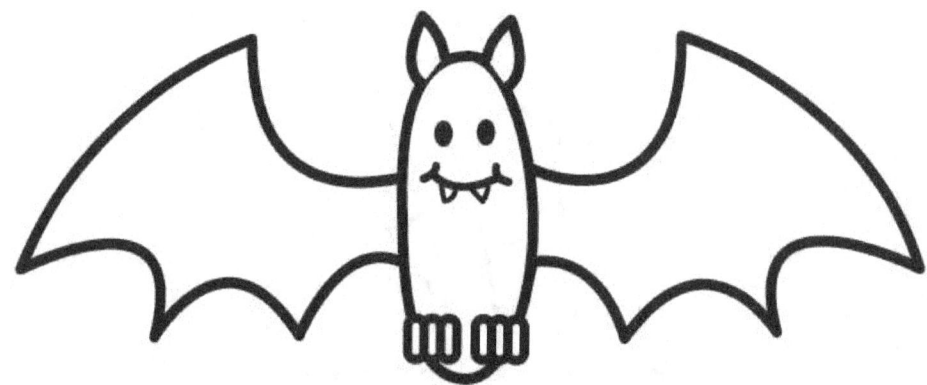

# PULCINO - CHICK

# COCCODRILLO
# CROCODILE

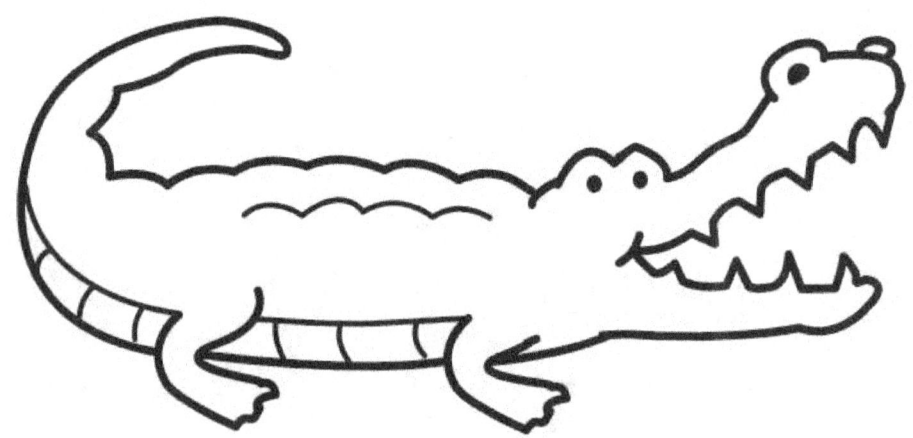

# DELFINO - DOLPHIN

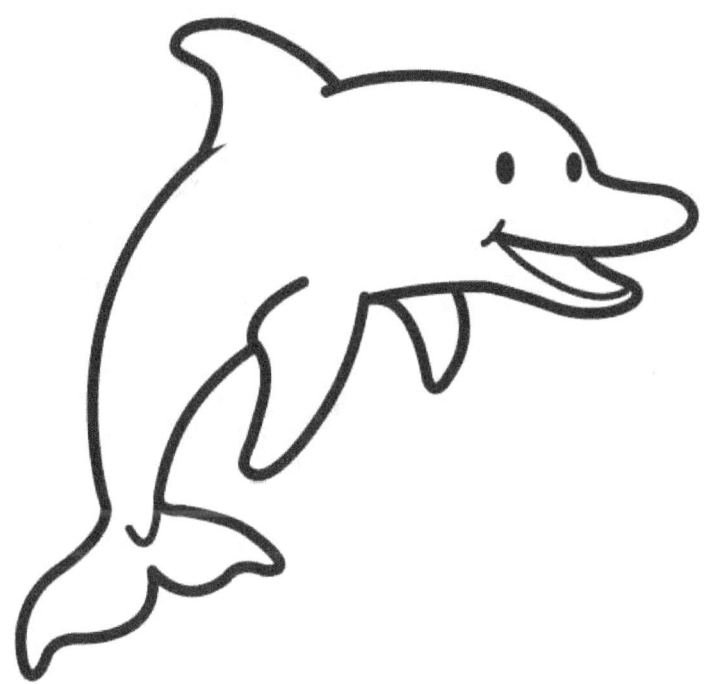

# VOLPE - FOX

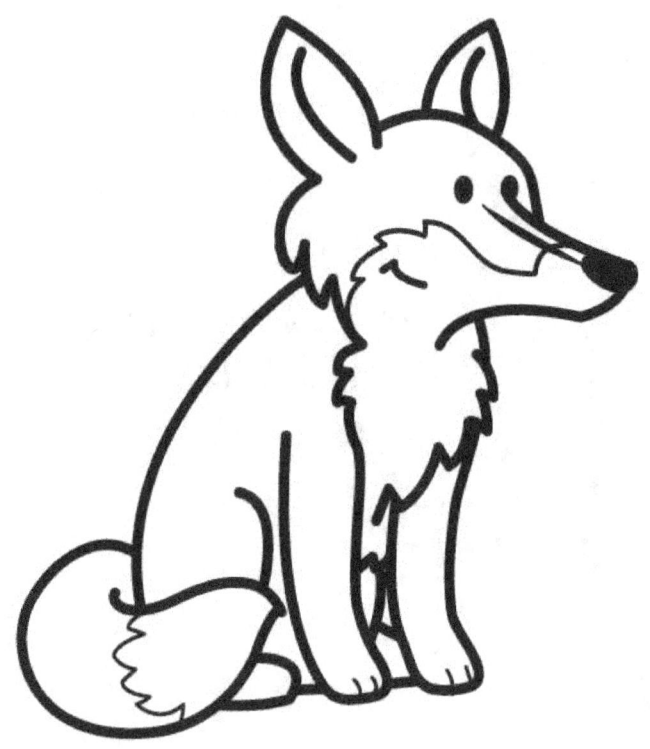

# GIRAFFA - GIRAFFE

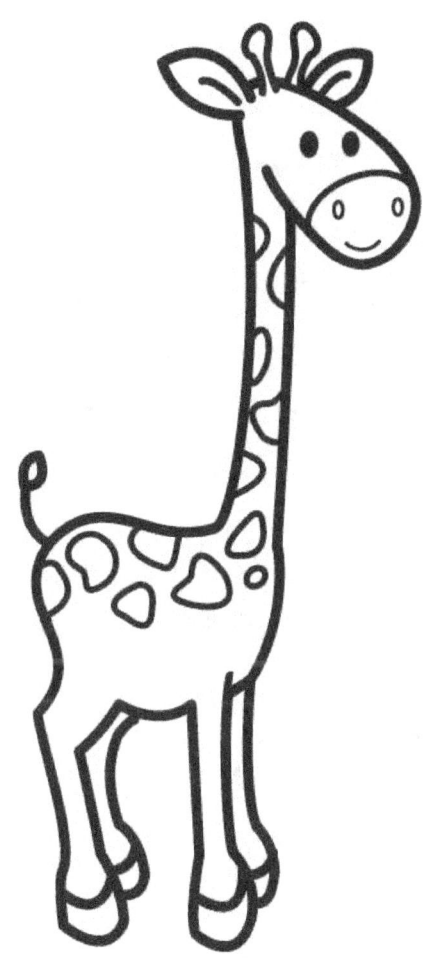

# CRICETO - HAMSTER

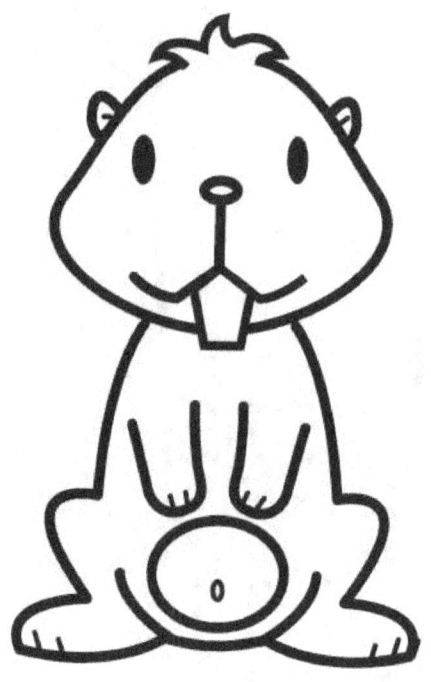

# GALLINA - HEN

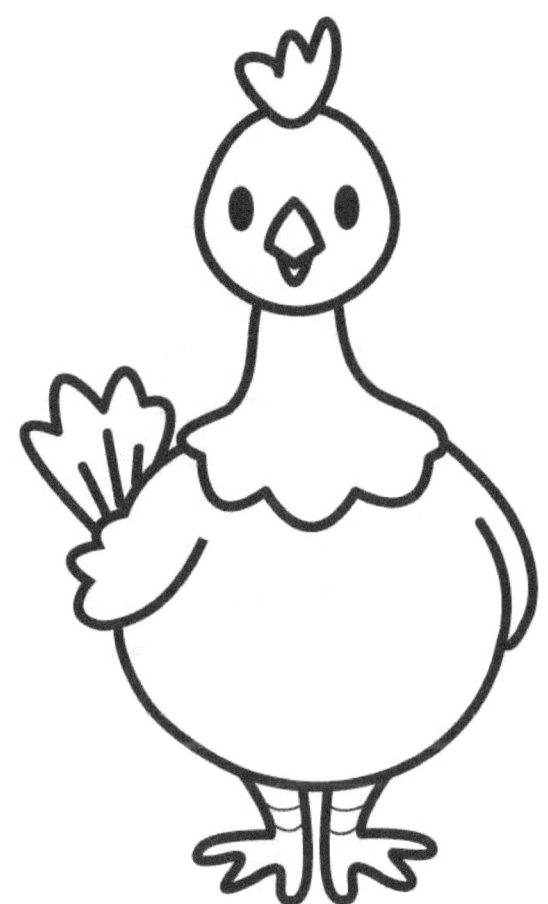

# IPPOPOTAMO
# HIPPOPOTAMUS

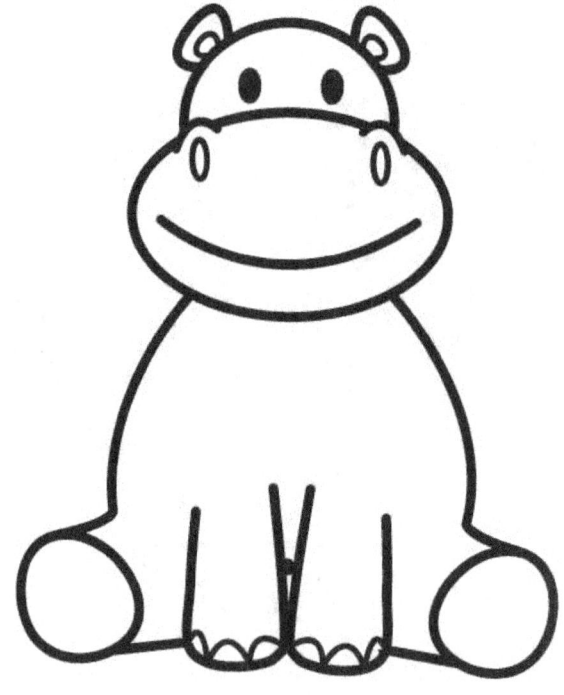

# LEONE - LION

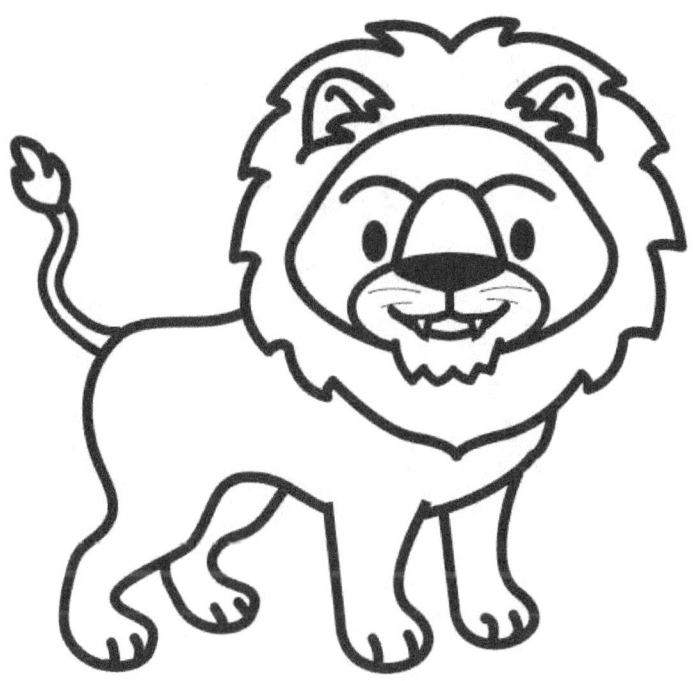

# GUFO - OWL

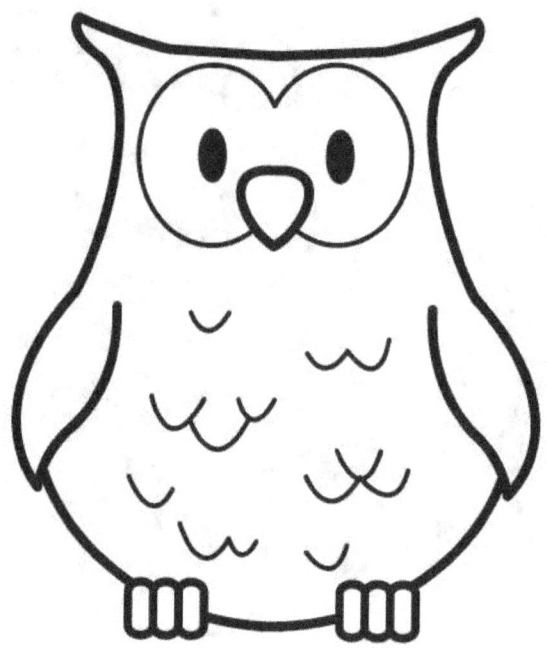

# PAPPAGALLO - PARROT

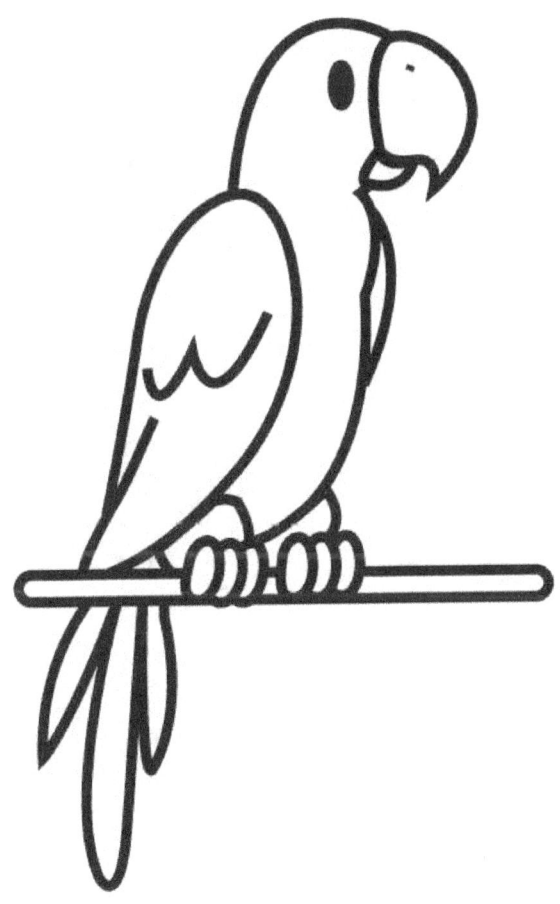

# MAIALE - PIG

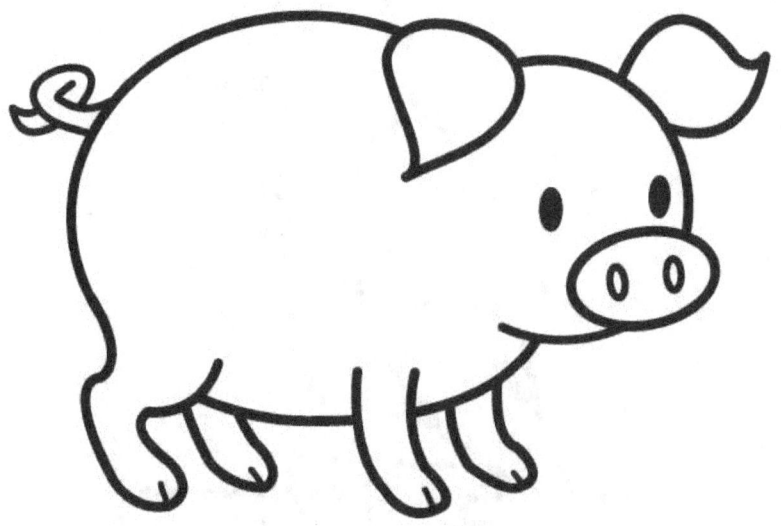

# SQUALO - SHARK

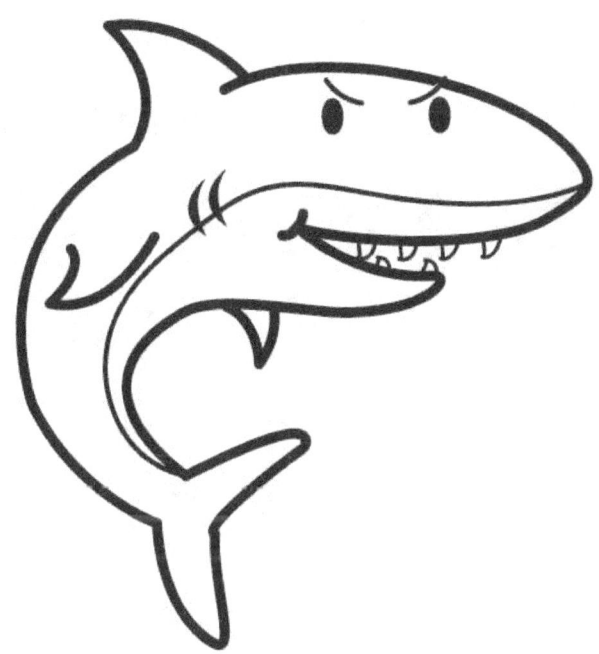

# TIGRE - TIGER

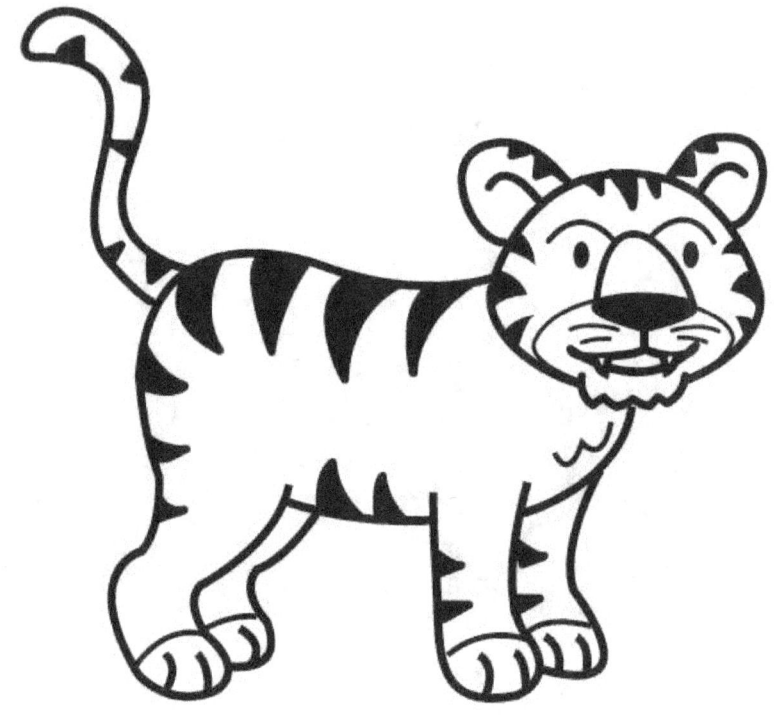

# TARTARUGA - TURTLE

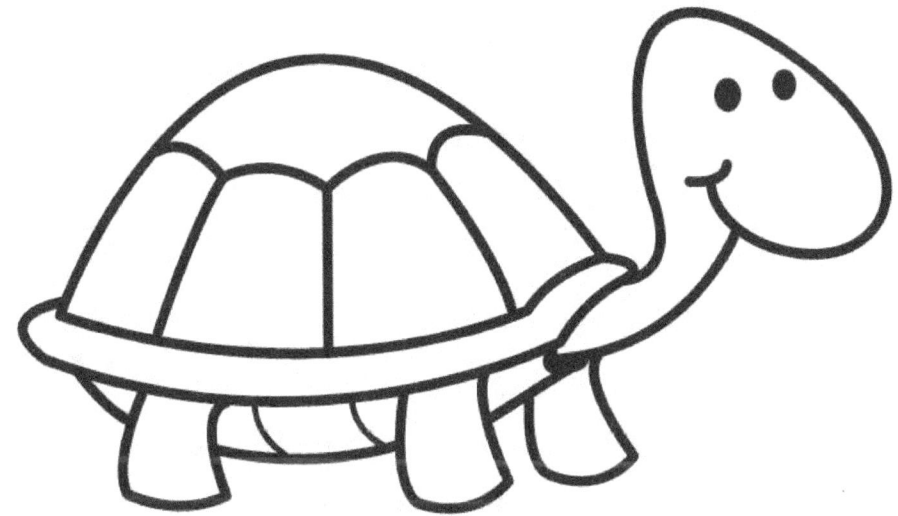

# BALENA - WHALE

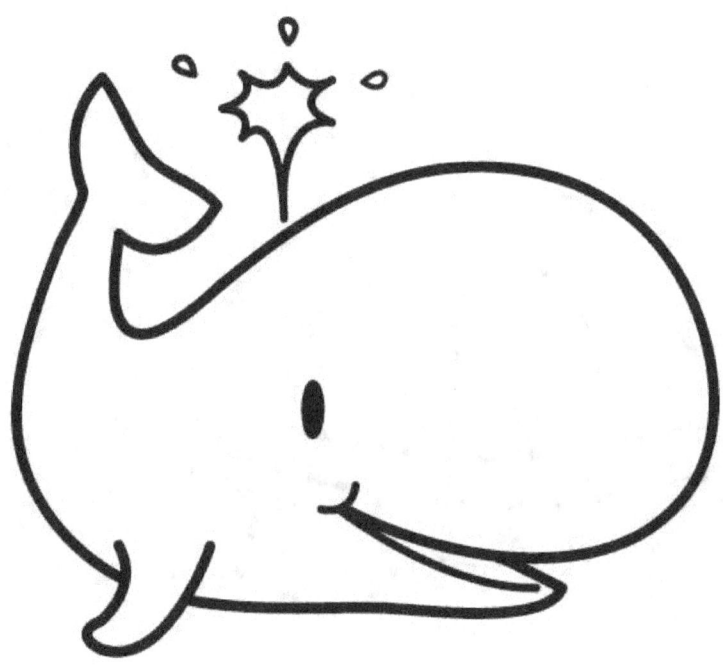

# CIBO - FOOD

# PATATINE - CHIPS

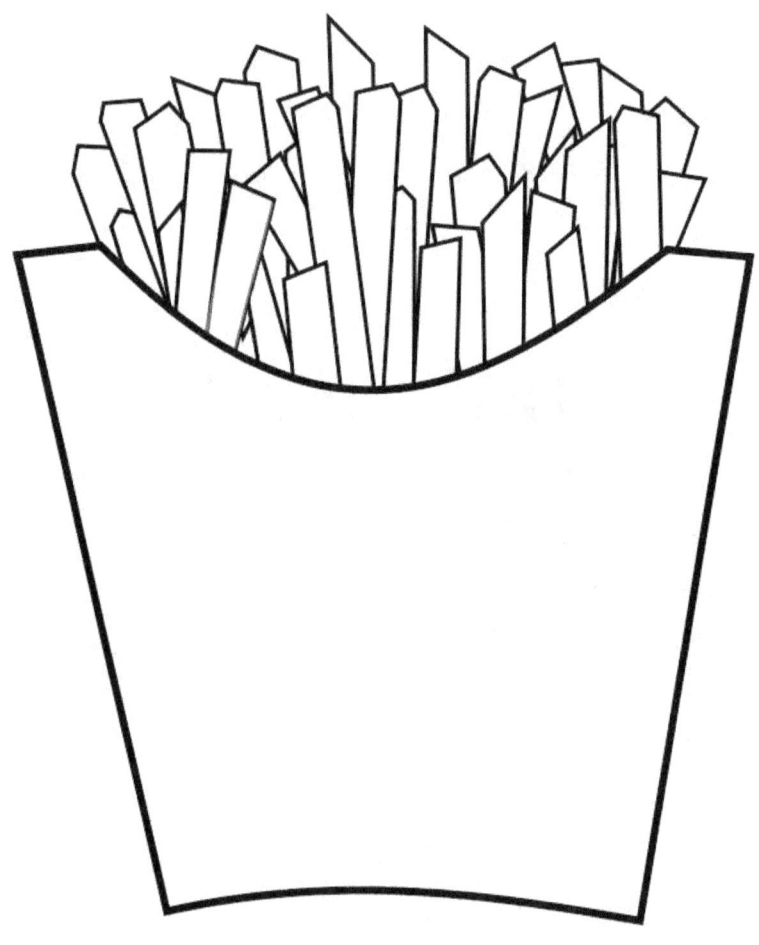

# FORMAGGIO - CHEESE

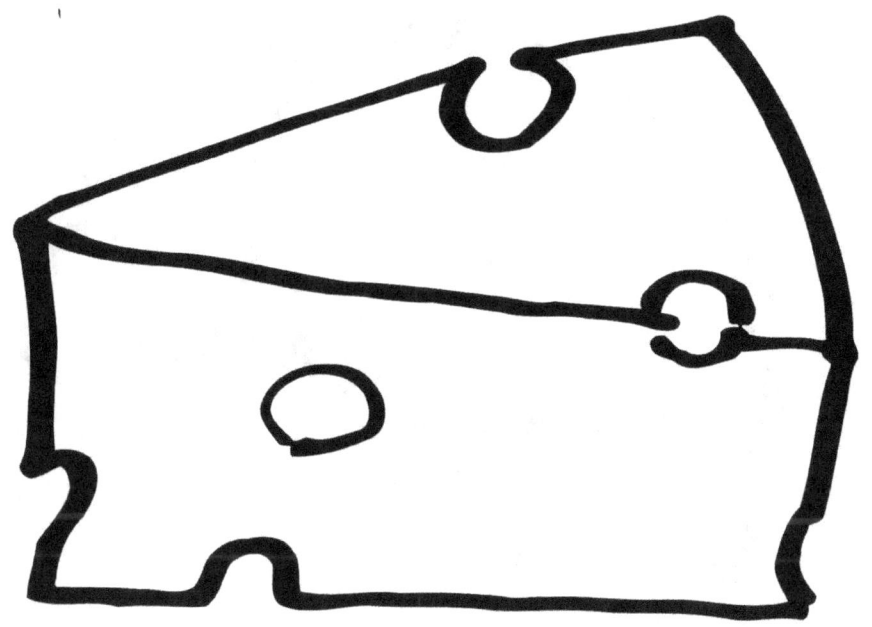

IMPARA COLORANDO VOLUME.1

# CORNETTO CROISSANT

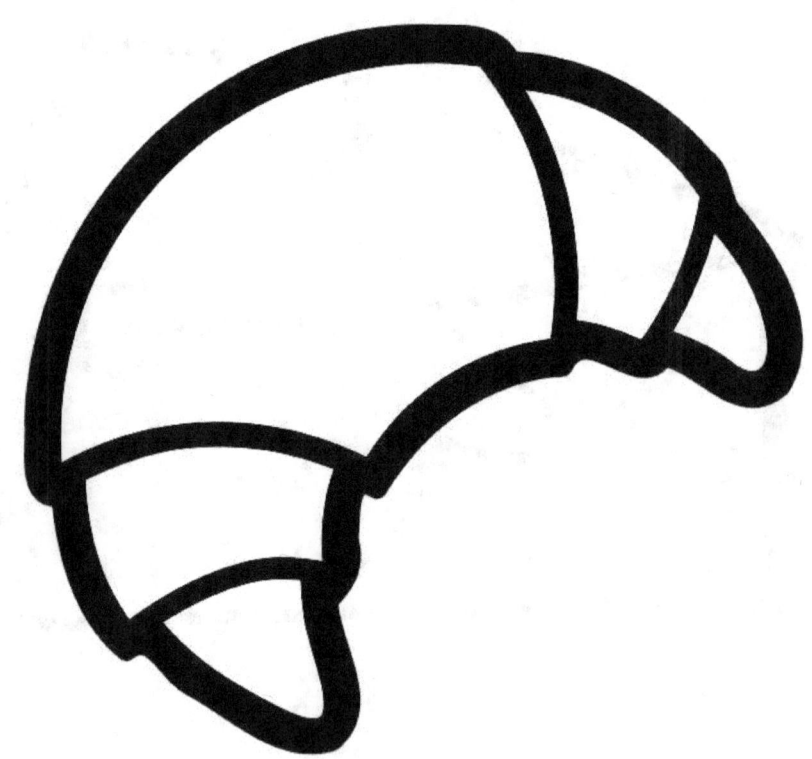

# GELATO - ICECREAM

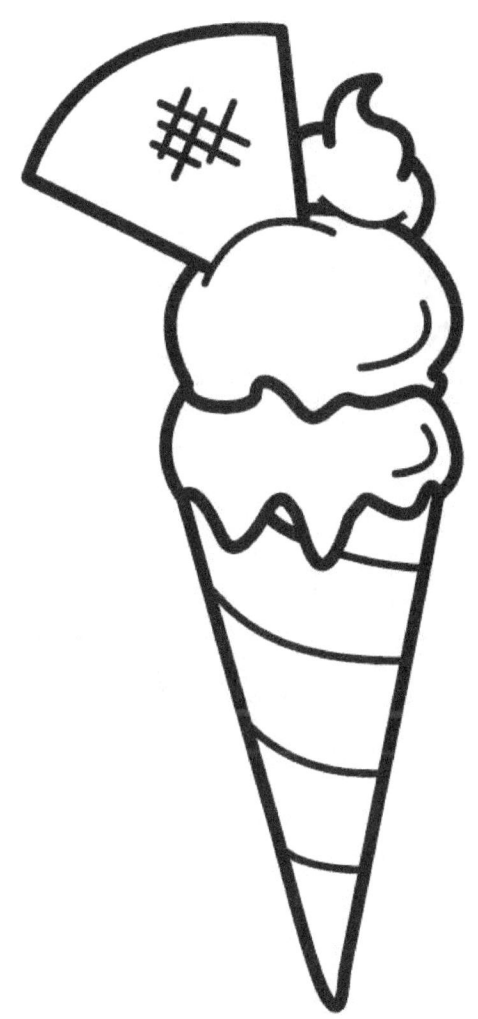

# PANE - BREAD

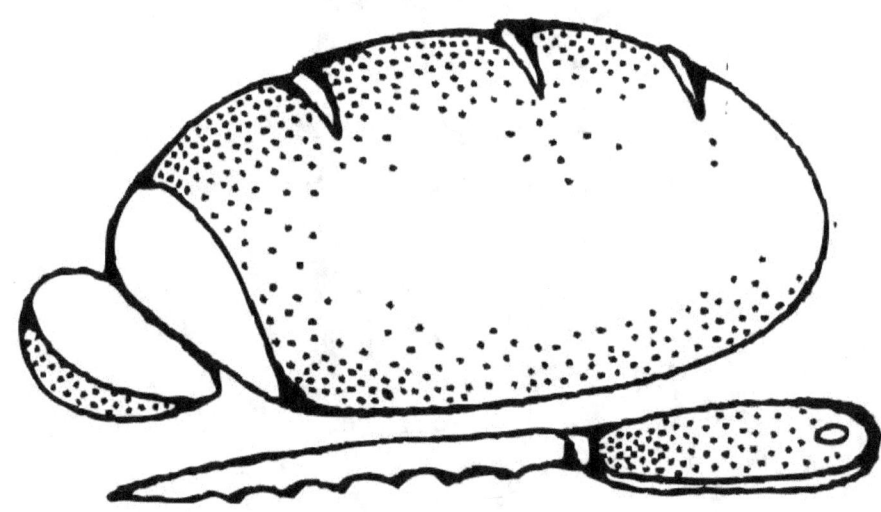

# PANNOCCHIA - COB

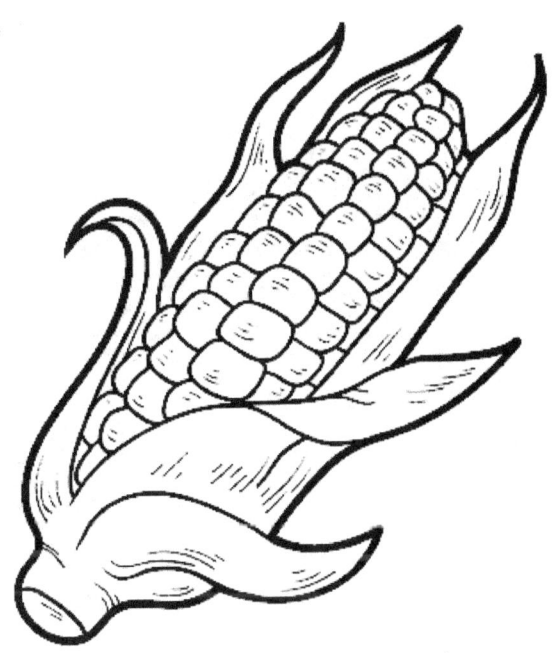

# POMODORO
# TOMATOE

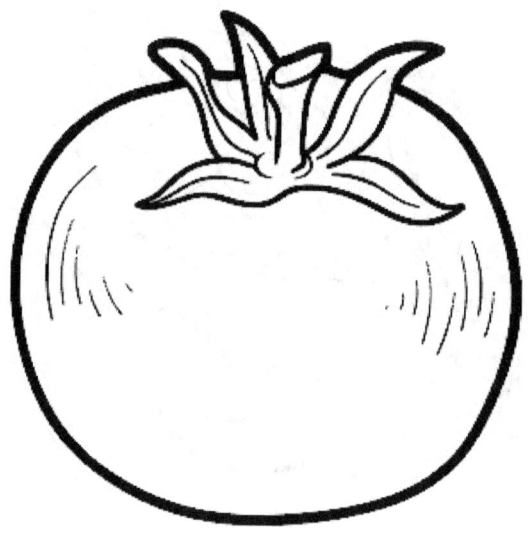

# VEICOLI - VEHICLES

# AMBULANZA
# AMBULANCE

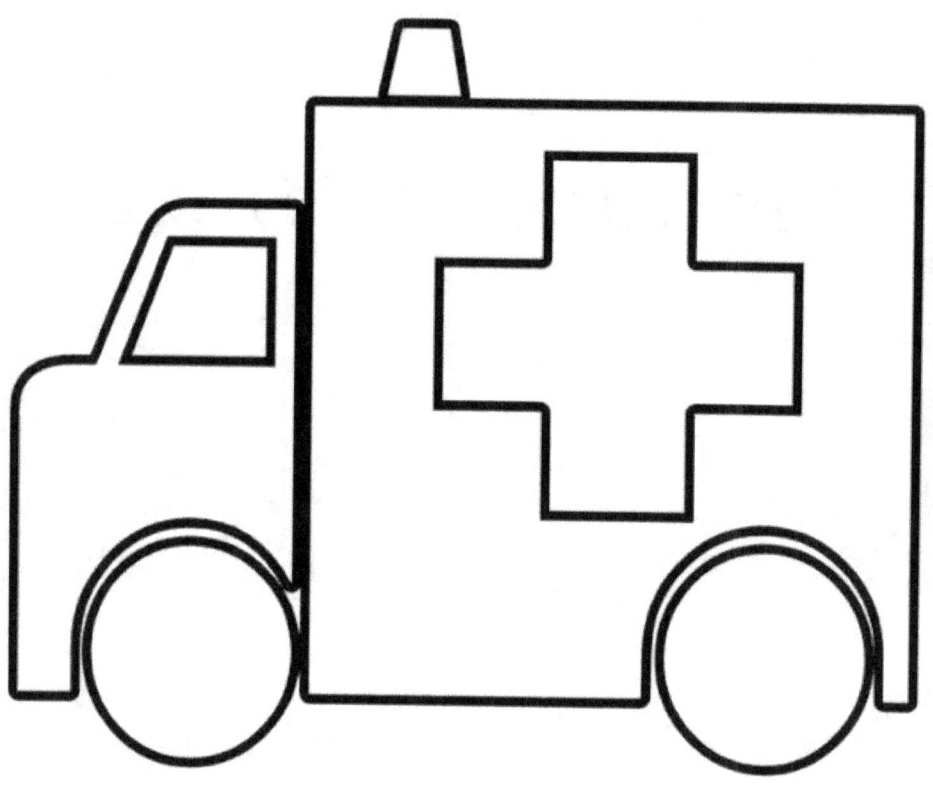

IMPARA COLORANDO VOLUME.1

# AUTOBUS - BUS

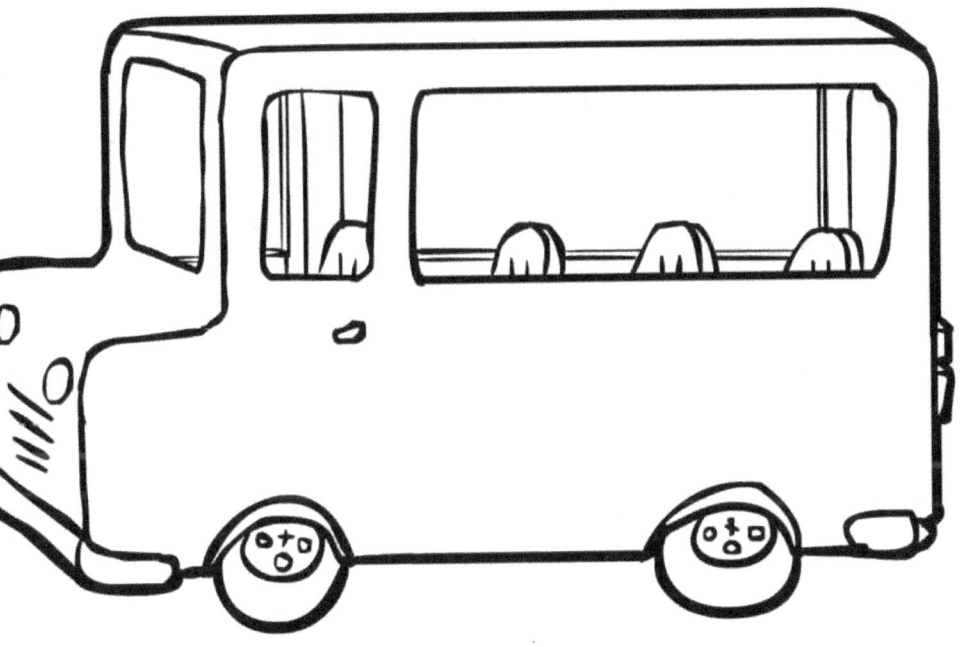

# ELICOTTERO
# HELICOPTER

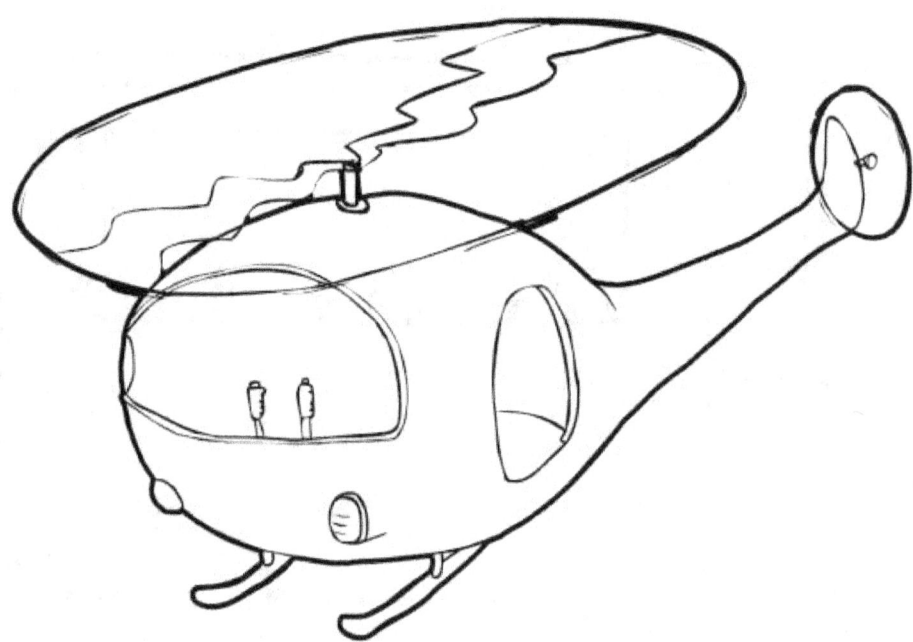

# LOCOMOTIVA
# LOCOMOTIVE

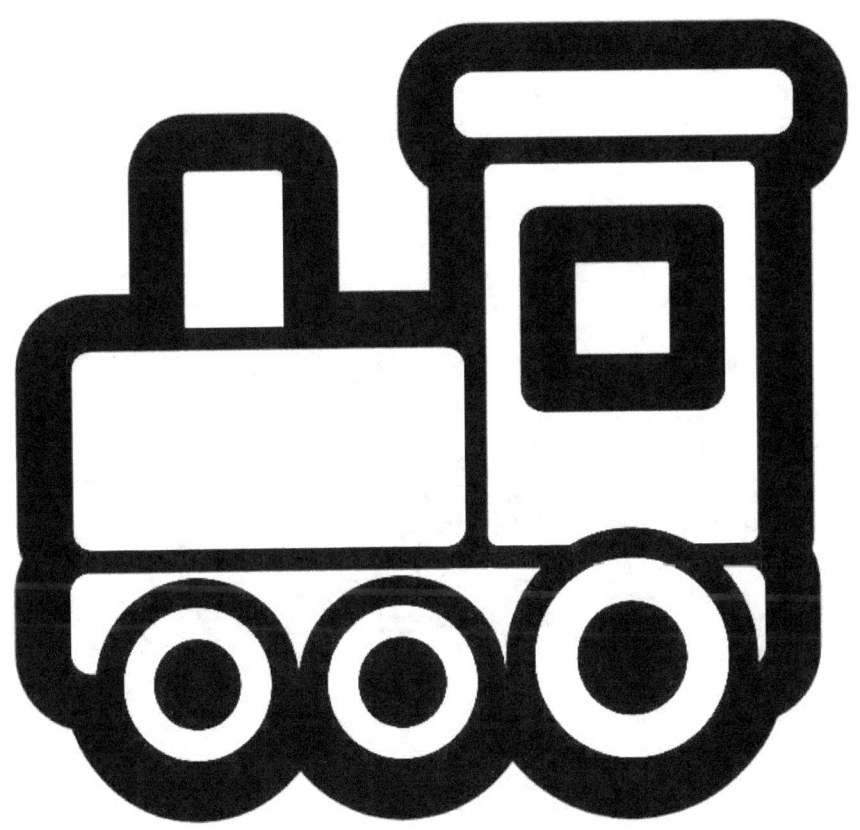

IMPARA COLORANDO VOLUME.1

# MOTOCICLETTA
# MOTORCYCLE

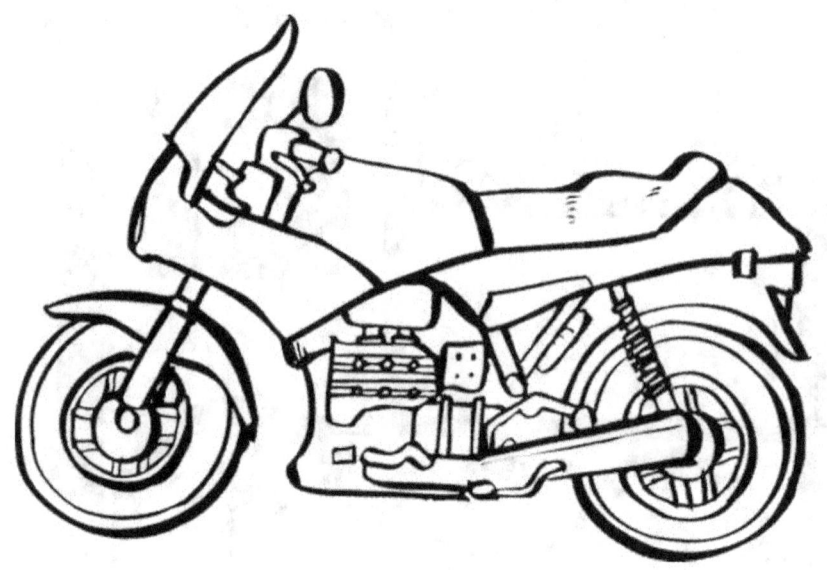

# POLIZIA - POLICE

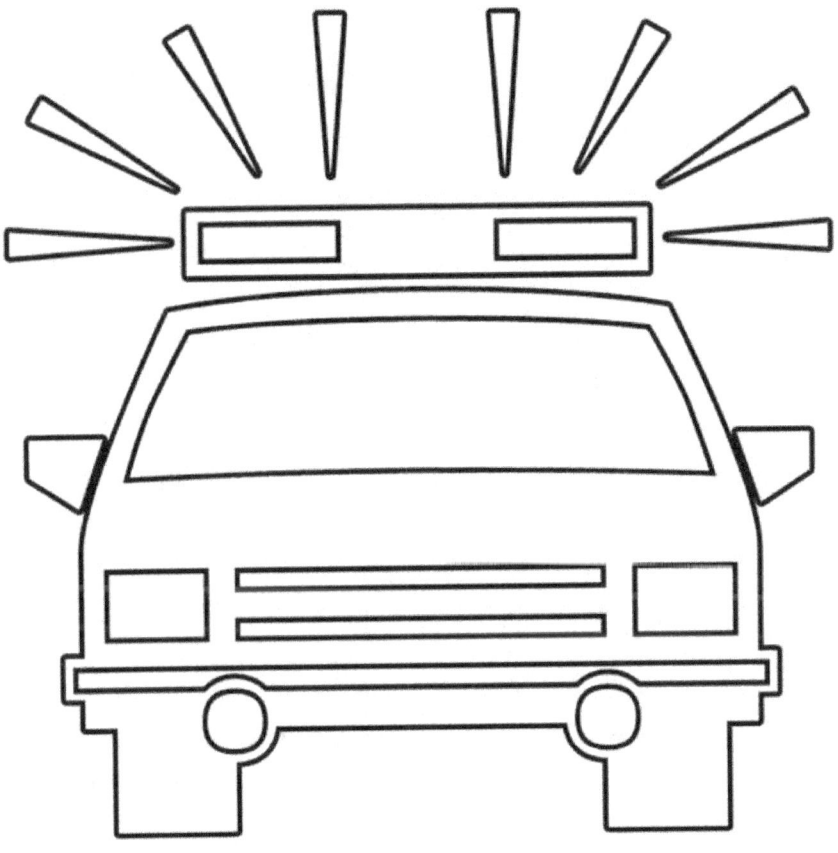

# TRATTORE - TRACTOR

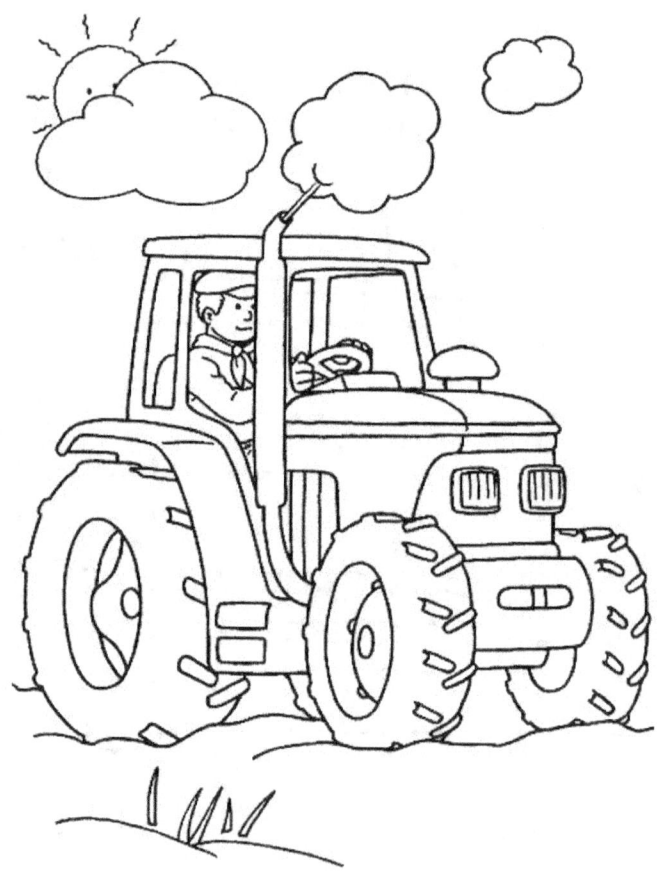

# MACCHINA - CAR

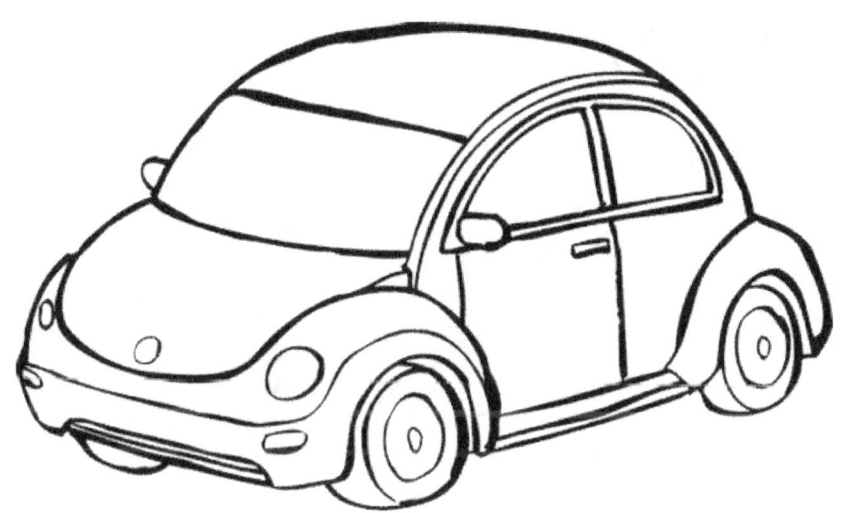

IMPARA COLORANDO VOLUME.1

# BICICLETTA
# BICYCLE

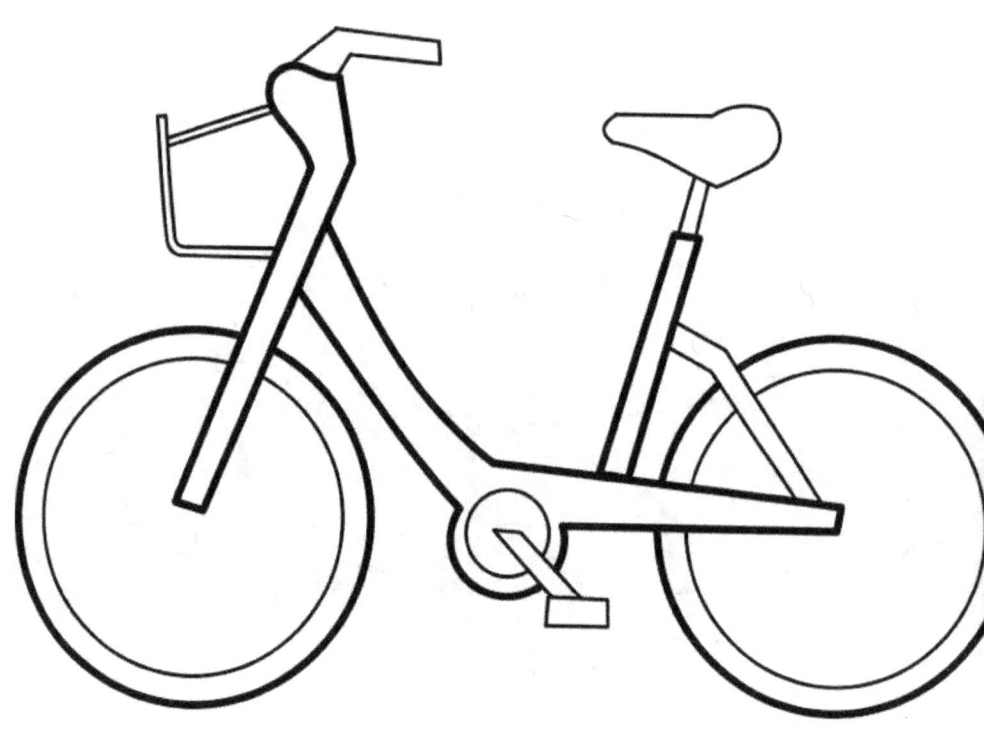

# AEROPLANO
# AIRPLANE

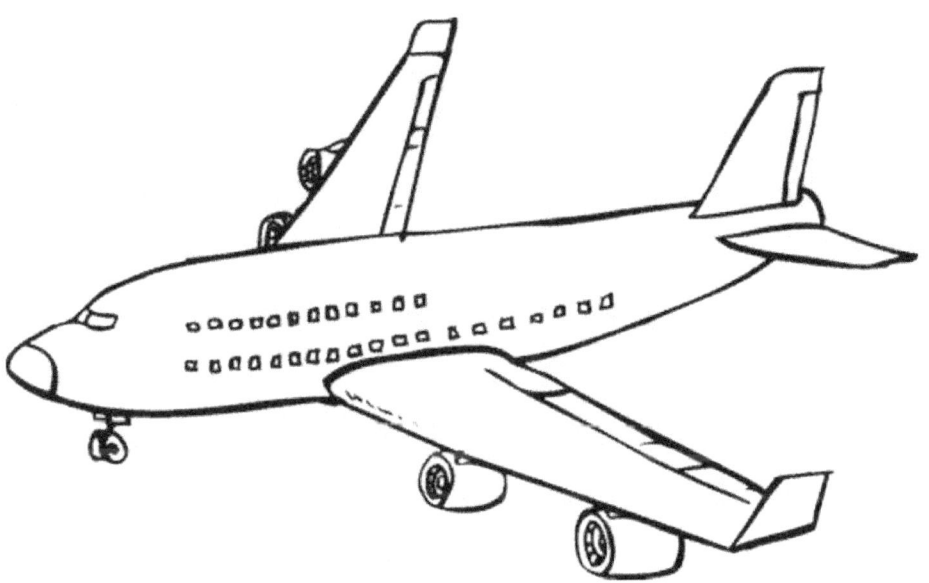

# SCUOLA - SCHOOL

# LIBRO - BOOK

# CALENDARIO
# CALENDAR

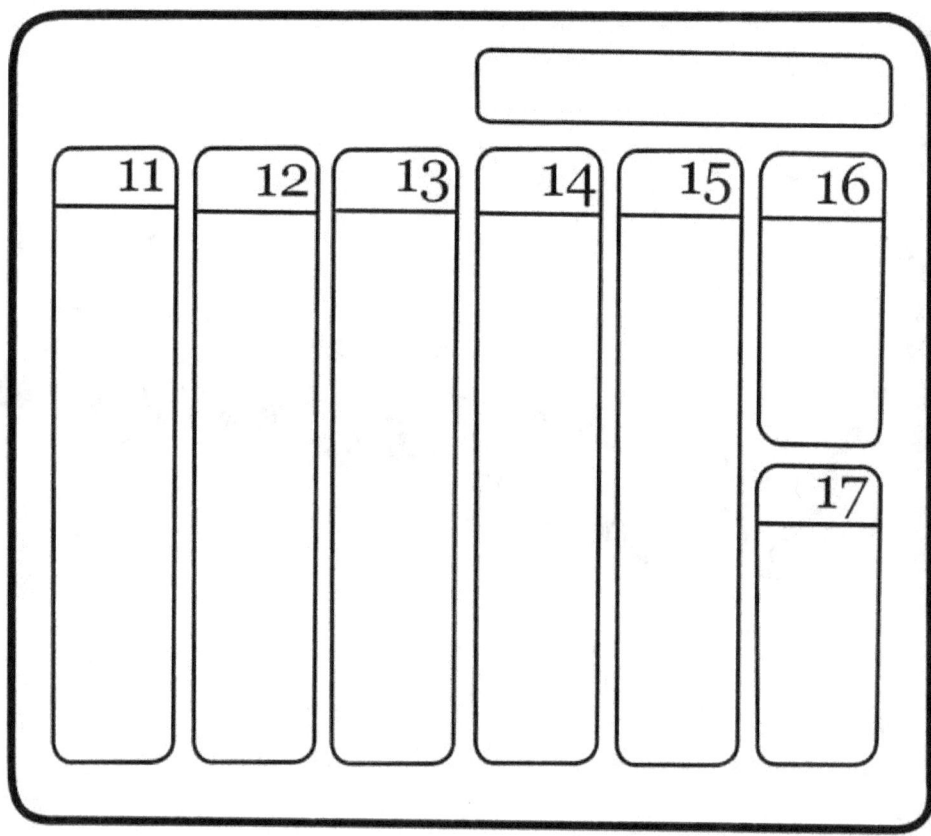

# DIARIO - DIARY

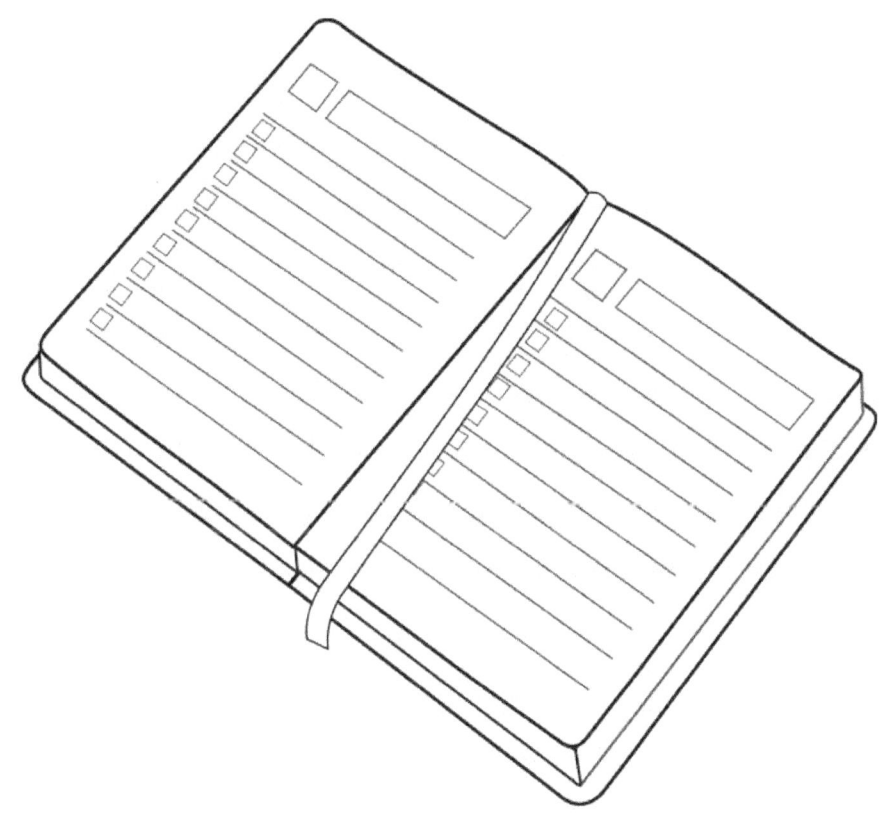

# ETICHETTA - LABEL

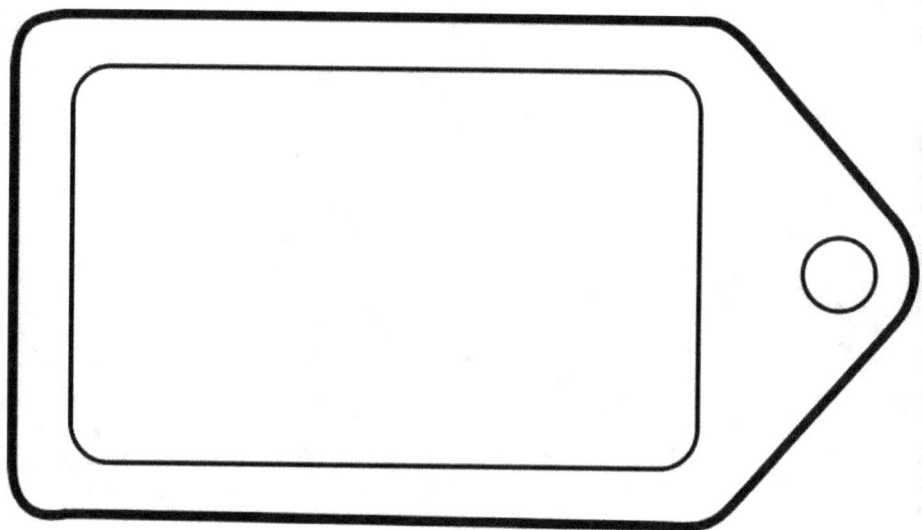

# MATITA - PENCIL

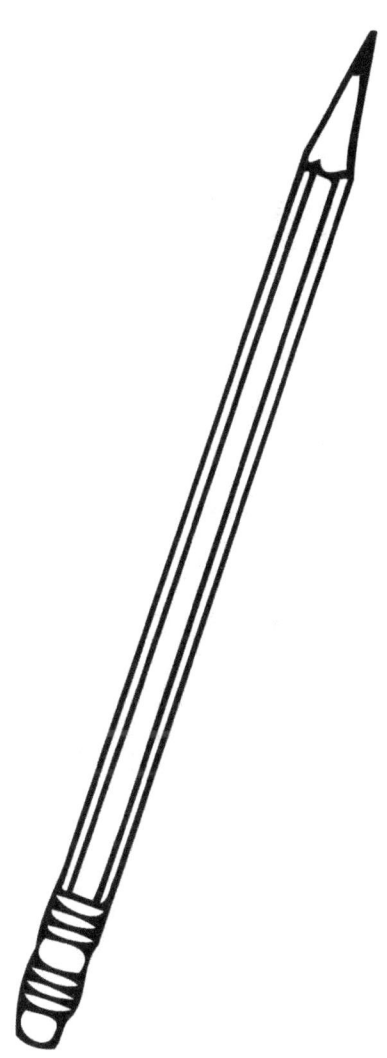

IMPARA COLORANDO VOLUME.1

# TEMPERINO
# SHARPENER

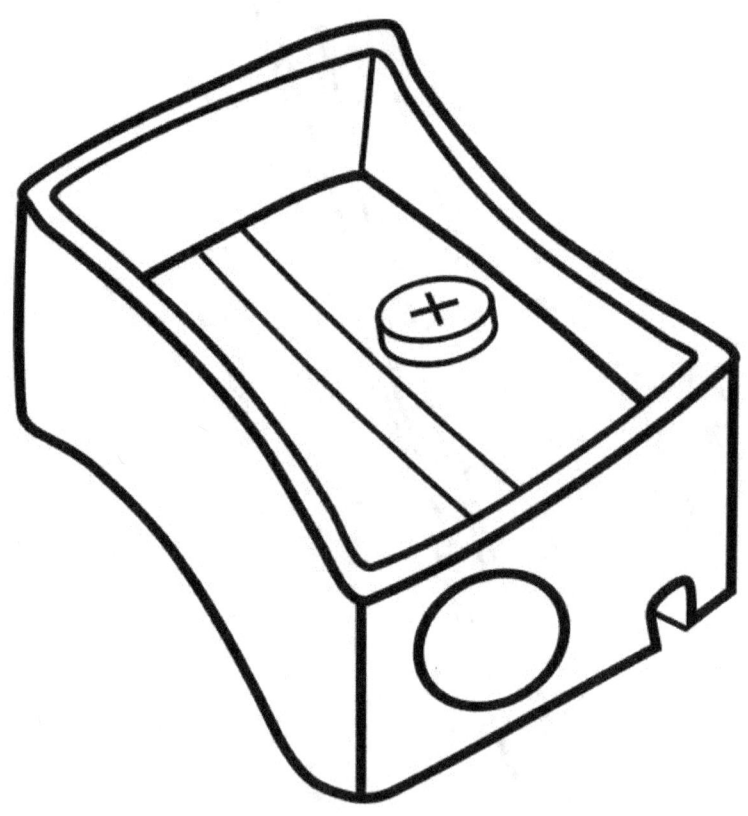

# ZAINO DI SCUOLA
# SCHOOL BAG

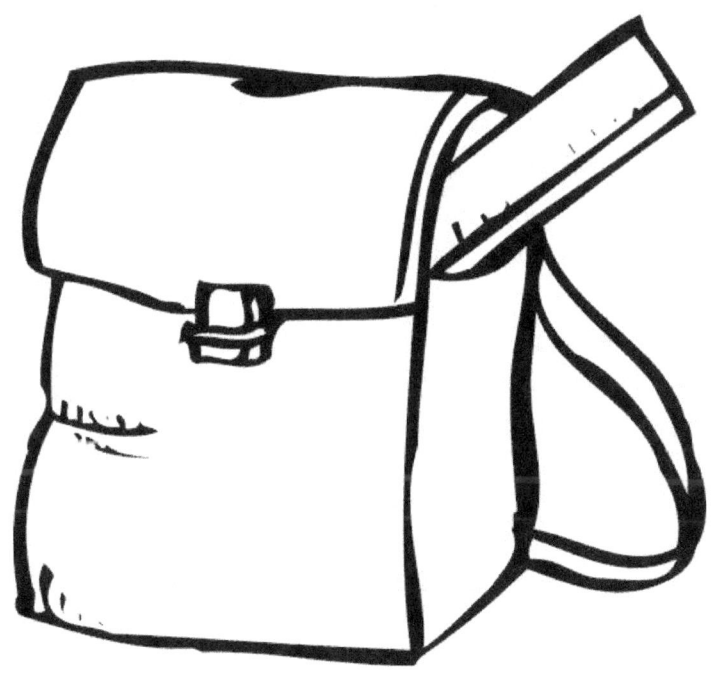

# FORBICI - SCISSORS

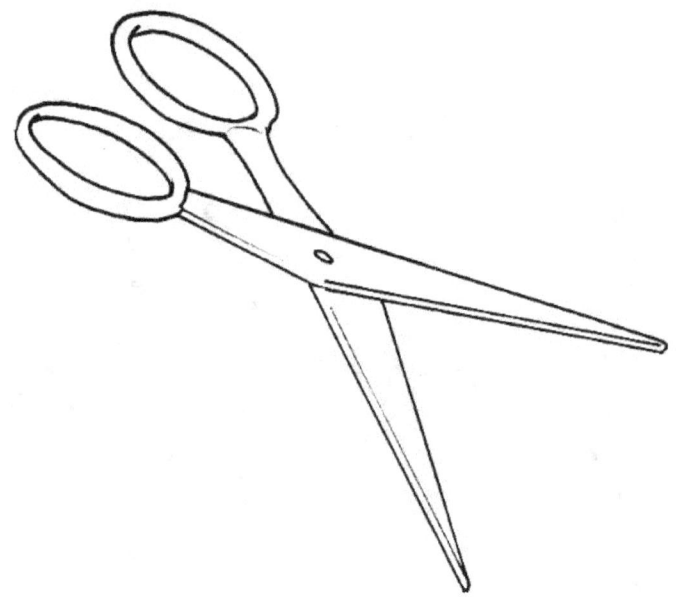

# INSEGNANTE
# TEACHER

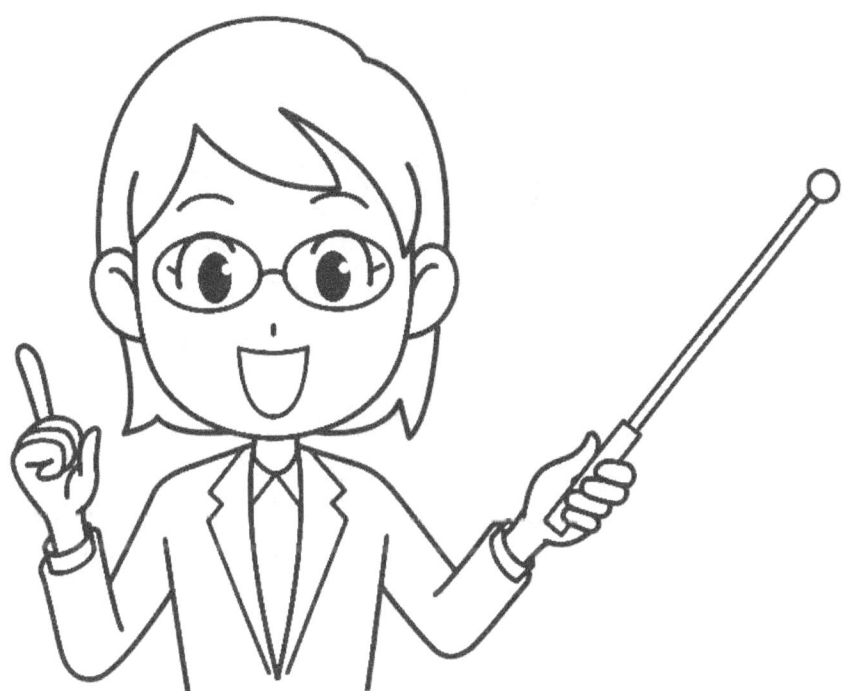

# GRAZIE PER L'ACQUISTO.

ACQUISTA ANCHE IL NOSTRO VOLUME 2

E LASCIA UNA RECENSIONE A ☆☆☆☆☆

SE TI FA PIACERE

www.ingramcontent.com/pod-product-compliance
Lightning Source LLC
Chambersburg PA
CBHW070312220526
45465CB00004B/1846